わくわく
レクリエーション

災害時、避難所では大人も子どもも大きなストレスを感じます。そんな場面に備えて、特別な道具がなくてもせまい場所でも、小さな子も交えて一緒に遊べるかんたんで楽しいゲームを覚えておきましょう。

みんなで応援♪

小さい子から大人まで、年齢を超えての大ゲーム大会のはじまりはじまり。グループ対抗戦は盛り上がります。

どっちのチームもがんばれ！

あ〜あ。負けちゃった。次はぼくの出番だ

じゃんけん対決！

じゃんけんポン！

「最初はグー。じゃんけんぽん！」
まずは各グループのキャプテンが出てじゃんけんをします。

ゲームの進め方やルールなどは、小学校高学年のジュニアリーダーが
中心になって決めていきます。

どっちが強い!?

トラとやりのポーズを決め、「せーの」で
向かい合ったチーム同士でポーズ対決をし
ます。
左のチームはトラのポーズ、右のチームは
やりのポーズ。トラはやりで退治されてし
まうので、左のチームが負けになります。

芸人はどっち!

おもしろい顔やしぐさで一発芸対決。応援してい
る人も大笑いして盛り上がることうけあいです。

楽しく遊ぶためのポイント

● みんなで相談しながら、楽しくゲームを進めよう。
● ゲーム大会をする時は責任者に相談して許可をも
　らおう。
● 感染症が流行している時は、マスクの着用やと
　なりの人との距離をとるなど注意しよう。

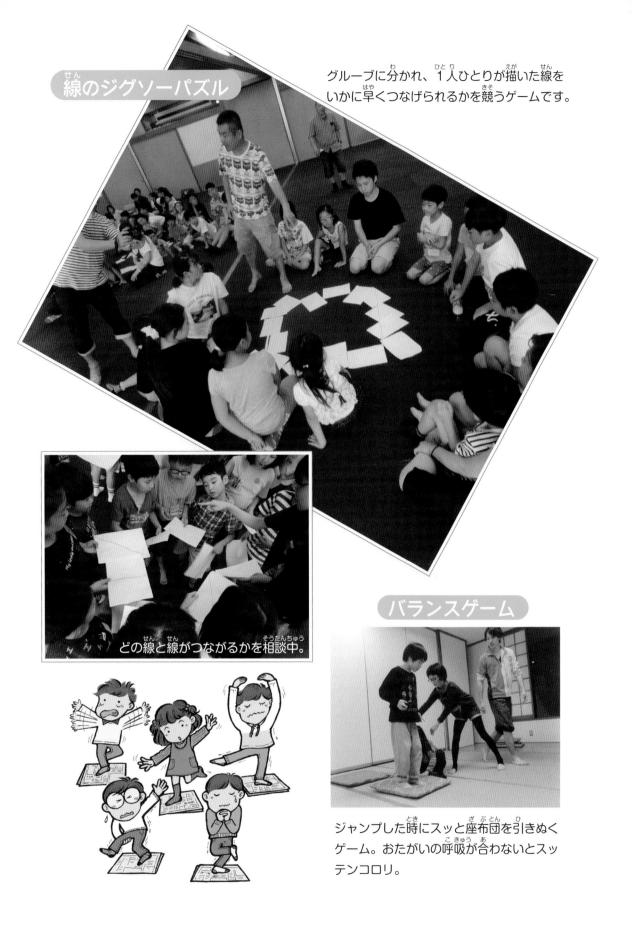

線のジグソーパズル

グループに分かれ、1人ひとりが描いた線を
いかに早くつなげられるかを競うゲームです。

どの線と線がつながるかを相談中。

バランスゲーム

ジャンプした時にスッと座布団を引きぬく
ゲーム。おたがいの呼吸が合わないとスッ
テンコロリ。

チーム対抗整列ゲーム

「スタート！」の合図で背の低い子から順に
一列にならんでいくゲームです。
どのチームが早い時間で整列できるかな？

ちゃんと
伝わっているかな？

伝言ゲーム

「がんばれー！！」
チーム対抗戦は応援にも力が入っ
て、つい大声が出てしまいます。

グループ内で人から人
へ言葉を順に伝えてい
く遊びです。
最後の人にまで正確に
伝わるでしょうか。

ストレスなんて
ふきとばす
37の遊び

遊びで
防災体験

③ 避難所わくわくレクリエーション

聖徳大学 教育学部
児童学科准教授　**神谷明宏**

いかだ社

ストレスをなくして、明るく仲良くすごそう

　非日常の避難生活で、大人たちは今後の生活の立て直しに気をとられ、子どもとふれあう時間が少なくなりがちです。そして大人たちはもちろん、子どもたちも多くのストレスを感じながら生活しています。

　この巻では、そんなストレス発散のために、せまい避難所でも三密を回避できるレクリエーションを紹介します。特別な道具がなくても、上級生が下級生に行うことができるレクリエーションばかりです。大人の方にとってもなつかしい種目を選んであるので、十分に指導が可能で、いっしょに楽しめることでしょう。

　子どもたちだけで遊ぶ時、またはジュニアリーダーのみなさんが実践する時は、あらかじめ大人に相談し、了解をえてからはじめましょう。

2022年　春　　　　　　　　　　　　　　聖徳大学　神谷明宏

1 初めての人とでも仲良くなれるゲーム

●最初にリーダーを決めます。

ハンカチ拍手

リーダーは、ポケットからハンカチを出し、ハンカチを空中に投げる。参加者はハンカチが空中に浮いている間だけ拍手し、リーダーがハンカチをつかむと参加者は拍手をやめる。

ソーレ！

パチ パチ

ソーレ！

投げだふり！

パチ…

フェイントだっ！

リーダーは、投げるふりをして投げなかったりするなど、フェイントをかけて笑いを引き出すゲームです。

8

鼻と耳

遊び方

① 参加者は、それぞれ右手で自分の鼻をつまみ、同時に左手で右の耳をつまむ。

② リーダーの「セーノ、セッ！」のかけ声で、手を変えて左手で鼻、右手で左耳をつまむ。さらに続けてリーダーの「セーノ、セッ！」のかけ声で元の形にもどす。それを何回かくりかえす。

うまく手が変えられなかったり、つまみそこなったりすることを楽しむゲームです。なれてきたらスピードを早くしたり動作の間に拍手を入れたりするとさらに楽しくなります。

9

1 初めての人とでも仲良くなれるゲーム
UFO拍手

① 　リーダーはみんなの前に立ち、左手をグーにして地球に、右手をパーにしてUFOに見立てることを伝える。

② 　リーダーは横向きになって両手を上下させ、手を重ね合わせるように動かす。

③ 　参加者は地球防衛軍のレーダーとなり、地球にUFOが接近したら拍手をして警報を出す。

④ 　リーダーは、左手の前で右手を通過させて、拍手をする練習をした後、リズムを変えたり、フェイントを入れる。最後は、三三七拍子で終わりにする。

拍手で
警報！

命令ゲーム
（子グマさん）

遊び方

① リーダーは親グマ、他の参加者は子グマになる。

② リーダーは「『子グマさん拍手を1つ』といわれたら親グマのいう通りにしなければいけないし、子グマさんといわれないのにやってはいけない」というルールを参加者に伝える。

③ 親グマは、「手をあげて」「おろして」「拍手して」「首を回して」「ジャンプして」など、いろいろなバリエーションに「子グマ」をつけたり外したりしながら続ける。

ここで、「ルールがわかった人？」というと、多くの子どもが手をあげてしまいます。そこで、「もうゲームははじまっているので、ここでハーイって手をあげた人はまちがいだよ」というようにルールを再確認します。

子ぐまさんって言った時だけやるのよ

親ぐま

は———い！

子ぐま

子ぐまさん右手をあげて

はいおろして

まちがい

1 初めての人とでも仲良くなれるゲーム
グーパー空手

遊び方

① リーダーの「セイヤッ！」というかけ声とともに右手を前にパーでつき出し、左手をグーで胸に当てる。

② 次の「セイヤッ！」のかけ声で、右手と左手を入れかえる。これを「セイヤッ！」のかけ声で交互にくりかえすゲーム。

なれてきたらグーとパーを入れかえ、つき出した手をグー、胸の手をパーと変えることでさらにおもしろくなります。また動作を入れかえる時に拍手を入れてもいいでしょう。

二拍子・三拍子

① 右手を前に出し、縦に上下にふり二拍子のリズムをとる。

② いったん手を下ろし、左手で下・横・上と三角形をつくり三拍子のリズムをとる。

③ 次に左右同時に行う。スムーズにできるようになったら、「むすんでひらいて」などの歌に合わせてやってみよう。

● 右手左手を交代してやってみ
● ると、さらにむずかしくなりま
● す。チャレンジしてみましょう。

1 初めての人とでも仲良くなれるゲーム
後出しじゃんけん

① リーダーが「じゃんけんぽん！」といいながらじゃんけんをし、参加者がすぐに続いて「ぽん！」と声を出してリーダーと同じものを出す。リズムよく行うことがポイント。

② なれてきたら「今度は勝って！」と、リーダーのじゃんけんに勝つように出させたり、「今度は負けて！」と負けるように出させるなどの変化をつけて楽しむゲーム。

③ 最後は「じゃんけんぽん」の「ぽん」の代わりに「じゃんけん勝って」「じゃんけん負けて」「じゃんけんあいこ」と３つをまぜて行うと、もり上がる。

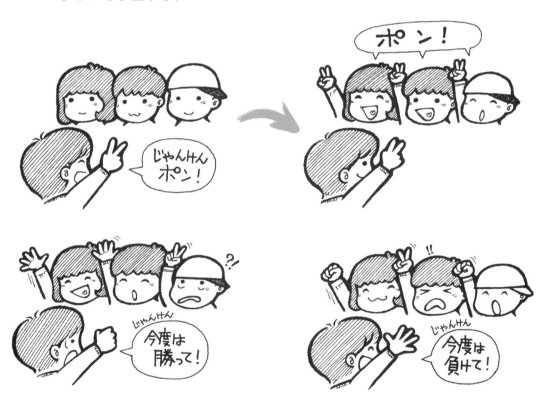

14

東西南北じゃんけん

遊び方

① リーダー対参加者全員でじゃんけんをする。
② リーダーに勝った子は、体を90度向きをかえ、負けた子とあいこの子は正面向きのままでいる。
③ 2回目のじゃんけんをして、勝った子はさらに90度向きをかえる。じゃんけんをくりかえして正面にもどった子は、もう1度勝つと座ることができる。

15

1 初めての人とでも仲良くなれるゲーム
大きなちょうちん・
小さなちょうちん

ちょうちんのことを知らない子のために、
ちょうちんの説明をしてからはじめましょう。

遊び方

① リーダーが、「大きなちょうちん」といいながら
両手を大きく広げ、「小さなちょうちん」の場合は
両手をちぢめ、参加者はリーダーと同じ動作をする。
② 同じように、「長いちょうちん」の場合は両手を
上下に広げ、「短いちょうちん」の場合は上下に両
手をちぢめる。参加者はリーダーと同じ動作をする。
この4種類の動作を何度かくりかえし練習する。

③　なれてきたら、リーダーは「大きなちょうちん」といいながら、小さな動作をするというように、言葉と動作を変えて言葉がけする。
　参加者はリーダーの動作につられないように正しい動作をし、つられてしまったら負けになる。

リーダーが「大きなちょうちん」といったら、参加者は反対の言葉「小さなちょうちん」といいながら、リーダーのいった動作をするというように、言葉と動作を入れかえてやるとよりむずかしくなります。

1 初めての人とでも仲良くなれるゲーム

魚・鳥・木

① リーダーは、参加者を見まわしながら「魚・鳥・木申すか申すか」と、声をかける。この時、参加者は「申す申す」と答える。

② このやり取りを2、3回くりかえした後、リーダーは1人を指さし「魚！」「鳥！」「木！」のうちどれかの言葉をいう。

③ リーダーが「魚！」といって指をさされた子は魚の名前を、「鳥！」といって指さされたら鳥の名前を、「木！」といってさされたら木の名前を3カウントするうちに答える。「ワンツースリー」と数えるうちに答えられなかったり、すでに出た名前をいったらアウトになる。

18

2 2人で行うゲーム

●どのゲームも密にならないよう、
1mははなれて行いましょう。

あっち向けホイ！

遊び方

① 2人1組になってじゃんけんをする。勝った子は相手に向けて人さし指をさして「あっち向けホイ」といいながら、「ホイ」の言葉とともに右・左・上・下のいずれかの方向を指さす。いわれた子は、「ホイ」の言葉と同時に右・左・上・下のいずれかを向く。指と同じ方向を向いてしまったら負け。

② じゃんけんをくりかえし、どちらかが5勝したら終了。

2 2人で行うゲーム

お面屋さん

遊び方

① じゃんけんをして、勝った子がお客さん役、負けた子がお面屋さん役になる。

② お客さんはお面屋さんに「こんなお面ください！」と、両手を使って自分の顔をおもしろく変化させていう。

③ お面屋さんも同様に両手を使って「こんな顔のお面ですか?」と自分の顔をおもしろくして答える。

④ お客さんはさらに「ちがいます。こんなお面です！」とお面屋さんに返し、お面屋さんは……と変顔をくりかえし、先に笑ってしまったほうが負け。

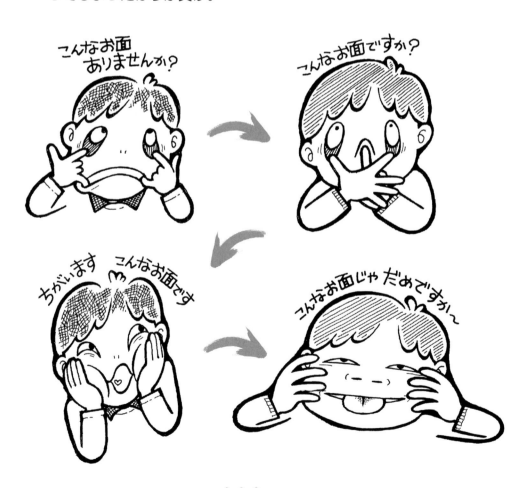

こんなお面ありませんか？

こんなお面ですか？

ちがいます こんなお面です

こんなお面じゃだめですか〜

弟子じゃんけん

遊び方

① 　向き合って「弟子！　弟子！　弟子！」といい合い、最後の「弟子！」でじゃんけんをする。勝った子は相手を指さし「あなたはわたしの弟子」と早口でいう。負けた人は自分を指さしながら「わたしはあなたの弟子」と早口でいう。相手より早くいい終えたほうが勝ち。あいこの場合は「弟子！　弟子！　弟子！」と、最初からはじめる。

② 　途中で言葉や動作をまちがえたほうが負け。どちらかが5勝したら終了。

2 2人で行うゲーム

じゃんけんお開き

遊び方

① 向き合って立ち（この時つま先とかかとをつけるようにする）じゃんけんをする。負けた人はかかとをつけたまま、つま先を開く。

② 続けてじゃんけんをして、次に負けたらつま先はそのままにしてかかとを開く。これを続けていく。

③ じゃんけんで負けるごとに、つま先・かかと・つま先・かかとと開いていく。だんだんと足が開き、お尻をついてしまったら負け。

どっち引くの

遊び方

① 向き合って立ち、両手でじゃんけんをする。(じゃんけんは右左別のものを出す)

② 「じゃんけんぽん！」のかけ声に続けて、すぐに「どっち引くの！」といいながら「の！」のタイミングでどちらかの手を引っこめて勝負する。

● 相手がどちらの手を引っこめるか予想
● し、自分の手を引っこめ、勝負をする
● というスリル満点のゲームです。

おまわり3

遊び方

① 向き合い「おまわり3（さん）」とかけ声をかけ、「さん」でじゃんけんをする。負けた子は勝った子の周りをすばやく1周する。

② 2回目に負けると、すばやく2周回る。さらに3回目に負けると、すばやく3周回る。先に3回回ったほうが負け。どちらが勝ち残るかな。

おまわり3

1回負けたら1周まわる！

ダンゴ・クシ・サラ

遊び方

① 最初はじゃんけんで勝ち負けを決める。グーは「ダンゴ」、チョキは「クシ」、パーは「サラ」になる。

② パーで勝った子は、「サラ、サラ、（ダンゴ）！」と、リズムをとりながらじゃんけんをする。相手は最後の（ダンゴ）の言葉につられてグーを出してしまうと負け、グー以外のものを出せば交代する。チョキで勝ったら「クシ、クシ、（ダンゴ）！」と同じようにじゃんけんをする。どちらかが同じものを出すまで、リズムよく進めていく。

ダンゴ　　　　　サラ

クシ

じゃんけん
ポン！

パーで勝った！　サラ

サラ サラ
クシー！

あ～～！

2 2人で行うゲーム

だるまさん

遊び方

① 2人で向き合い「だるまさん」とかけ声をかけ、「さん」の言葉でじゃんけんをする。

② 負けた人は左手が使えなくなり、左手を胸に当てる。2回目に負けると左足が使えなくなり、左足をあげる。3回目に負けると右足が使えなくなり、ひざ立ちになる。4回目に負けるとひざが使えなくなり、座る。5回負けると右手も使えなくなり、右手を胸に当て、「だるまさん」と敗北宣言をするゲーム。

株券

遊び方

① グーは0（ゼロ）、パーは5を表す。「株券〇〇！」のかけ声とともに両手でじゃんけん。両手がグーなら0、片方の手がグーでもう一方がパーなら5、両手がパーなら10。この3種類の組み合わせを出すことができる。相手も同じように両手を出すので、4つの手の合計は必ず0・5・10・15・20の5種類の組み合わせとなる。

グーは0　パーは5

② じゃんけんで先攻、後攻を決める。たとえば、先攻が「株券10！」といって出した4つの手の合計が10であれば、先攻が1勝。合計がちがっていたら、攻めと守りを交代して続ける。どちらかが5勝したら終了。

ちょっと頭を使うじゃんけんゲームです。

じゃんけんで
先攻・後攻を決めて…

勝った！
先攻だ！

株券5
あ、ちがった。
両手でじゃんけん
5　5
5 + 0 + 5 + 5 = 15

株券10
あ〜〜
やった！
0 + 0 + 5 + 5 = 10

3 集団ゲーム

●どのゲームも１グループ６〜10人くらいのチーム対抗戦で行うと、より楽しくなりますが、人数が増えると興奮して大声を出したり密になるので、注意が必要です。

ラインアップ

遊び方

① １チーム10人くらいで横ならびに１列になって対抗戦で行う。

② おたがいの誕生日を知らせ合い、前から誕生日順にならべかえ、早く正確にならんだチームが勝ち。

③ ２回戦目は名前の五十音順にならぶ。くつのサイズの小さい順にならぶ。など次々と課題を変えていく。

誕生日順に並べ〜！

Leader

1月だよ

3月は？

ボク7月だ

クリスマスイブだよ〜

1月3日　1月12日　2月14日　3月1日　7月10日　11月9日　12月24日

なんでもバスケット

遊び方

① 参加者は輪になり、リーダーもいっしょにならぶ。

② リーダーが「今日、早起きした人！」とさけぶと、早起きした子はその場から移動する。他の子が移動して空いた場所にならぶ。

③ 元いた場所にはもどれないことをルールとし、ならびそこなった子にはリーダーが自分の場所をゆずるようにする。

④ リーダーは「朝ごはん食べた人！」「くつしたをはいている人！」「青い服の人！」などいくつかのお題を用意する。

⑤ リーダーが何回かお題を出したら、今度は他の子がお題を出すようにする。

みんなが移動したり発言することでおたがいを知ることを楽しむゲーム。

3 集団ゲーム

前進後退じゃんけん

遊び方

① 部屋のまん中で横1列になり、リーダーの「じゃんけんぽん！」のかけ声に合わせてじゃんけんをする。

② リーダーに勝った子は1歩前進、負けた子は1歩後退する。あいこの子は動くことはできない。

③ じゃんけんを続けて勝負をしていき、決められたゴールに早く到達することを競うゲーム。

ピンポンパン

遊び方

① 10人くらいの輪になって座る。

② リーダーは「ピン」といいながら、1人を指さす。さされた子は「ポン」といい他の子をさす。さされた子は「パン」といい他の子を指さす。リズムよく「ピンポンパン」と続けられれば成功。途中で言葉につまったり、リズムがみだれたらそこからやり直す。

ピン

ポン

パン

え一っ
ペン!

ちがうよ～

やりなおしー

アレンジ

「パン」といって指さされた子が、もう1度「パン」とくりかえし、順番を逆に「パンポンピン」としたり、「ピン」といって指さされた子がもう1度「ピン」といって、また逆にもどすこともできる。

3 集団ゲーム

人間ボーリング

遊び方

① チームの代表がじゃんけんをして攻撃チーム（先攻）、守備チーム（後攻）を決める。
② 守備チームは、ボーリングのピンのように4列にならんで立つ。
③ 開始の合図で、攻撃チームの1人目の子が守備チームの1列目の1人の子とじゃんけんをする。

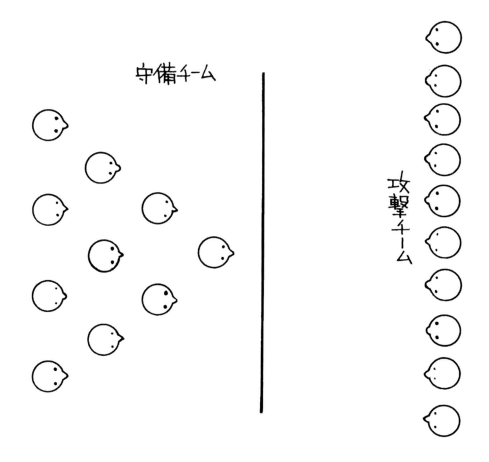

守備チーム

攻撃チーム

● 2組に分かれた対抗戦の
● ゲームです。

32

④　攻撃チームの子が負けたら攻撃チームの最後尾につき、勝った場合は2列目の子（どちらの子でもいい。他同様）とじゃんけんをする、というように4列目まで進んでいく。4列目までたどりつけない場合は、途中敗退となり、2人目の子が出てくる。

　勝ち進められたら、得点板に○印をつけ、攻撃チームの全員が終わった時点で1フレーム終了。守備チームと交代して同じように勝負する。

守備チームの配置はこのままで動かない。

負けたら、攻撃チームにもどって最後尾につく。

【得点板】例

1	2	3	4	5	6	7	8	9	10	計
×	○	×	○	×	○	○	×	○	○	6

●　3フレームくらい勝負し、
●　合計点数で競います。

3 集団ゲーム

リレー

遊び方

① 1チーム数人で、チームごとに縦1列にならぶ。

② リーダーの合図で、1人ずつ画用紙に同心円を書き、次の人にリレーしていく。

③ 制限時間内に円を何個書けるかを競う。ただし、前の人が書いた円に重なってしまうと減点になる。

【用意するもの】
画用紙（1チーム1枚。動かないように机にはる）
サインペン（1チーム1本。バトン代わりになる）
机

小さい円、大きい円、どちらから書きはじめてもOK

減点

減点

減点

34

チクボン

遊び方

① 10人くらいで輪になって座る。

② 最初の子が「チク」といったら、左隣の子が「タク」、さらに左隣の子が「チク」、その隣の子が「タク」、その隣の子が「ボン」という。続けると「チクタクチクタクボン」となり、これで時計が1時を告げたことを意味する。

③ 続けて、その左の子から同じように「チク」「タク」を2回くりかえし、その隣の子が「ボン」、その隣の子が「ボン」というと2時となる。

④ 1時間増えるごとに「ボン」という人が増えていく。これをくりかえしていき、12時まで続ける。

時計なので、リズムをくずしたり、いいまちがえたり、数をまちがえたら1時からやり直しとなります。

3 集団ゲーム
ウインクキラーは誰だ！

① 最初にくじ引きで犯人役（ウインクキラー）を決める。犯人役は1人でも2人でも人数のバランスを考えて決める。（全員がくじを引き、普通の人も犯人になった人も「やった」などといわず、だれが犯人かわからないところがミソ）

② リーダーの合図で全員が動きはじめる。立ち止まるのはルール違反。

③ 犯人の武器はウインクなので、犯人は目が合った人にウインクをする。ウインクされた人はだまって歩きながらゆっくり心の中で５つ数え、その後「やられた！」と叫び、グループの外へ出てだまって座る。

④ 普通の人はウインクされる前に犯人を当てなければいけない。犯人を見つけたと思ったらその人を指さし、

「犯人はお前だな！」という。当たっていれば「ばれたか！」といい、ゲームはそこで終了。犯人でなく普通の人だったら「はずれ！」といい、「犯人はお前だ！」といった人がグループの外へ出てだまって座る。

⑤ 本当の犯人がわかるまでそのまま続ける。

● ウインクの意味がわからない子もいるので、やり方の説明をしてからはじめましょう。

3

集団ゲーム

37

3 集団ゲーム

震源地

① 20人くらいで輪になり、じゃんけんをして鬼を決める。

② 鬼になった子は輪の外に出て目をつぶる。輪になっている子たちは、鬼にわからないようにリーダーを決める。

③ 最初は全員で手拍子をする。それを合図に鬼は目を開け、円のまん中に入る。

④ リーダーは鬼に気づかれないように手拍子から動作を変える。(足ふみ、首回し、ガッツポーズ、ゴリラポーズなど)
他の参加者はリーダーの動作をまねて、自分の動作をすばやく変える。鬼はみんなの動作をよく観察しながら、だれがリーダーなのかを見つける。

4 おもしろ室内オリンピック

室内オリンピックの進め方

　競技種目はすべてパロディーとなっていますので、指導者の演出でおおいにもり上げてください。

① 　プログラム表と得点表をあらかじめもぞう紙に書いてはり出し、チーム（5～6人）で相談しながら、競技ごとにエントリーした子どもの名前を書いておきましょう。

② 　会場には聖火台もつくり、入場行進や聖火の点火式もプログラムに入れておきましょう。

③ 　選手宣誓にはその施設・団体に伝わる宣誓文の原稿（見本参照）を作成し、○○の部分に、子どもたちに「美しい・見苦しい・楽しい・ばかばかしい・ビックリ・暑苦しい」などの言葉を出してもらい、それらを入れこみましょう。

④ 　競技がはじまったら、指導者は本当の大会審判やアナウンサーのように「第1種目●●、エントリー選手●●グループ●●さん」と呼びます。試合中は「試合開始！」から実況や判定を行い、試合後は「ただ今の競技、記録●メートル」と3位から順に1位までを発表するなどして、競技をもり上げます。

⑤ 　すべての競技種目が終わったら合計得点を出し、手づくりメダルをかけて表彰式へと進めましょう。

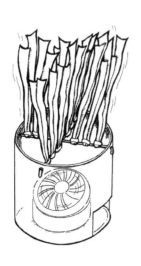

宣誓文 （例）

　●●クラブの○○なみなさん、この伝統のある○○なオリンピック競技会へようこそ！
　今日、○○な我々はここで○○に全力をつくして、○○な記録が生まれることを信じて、おたがいに○○に正々堂々と戦うことを○○と宣言します。

○○な選手代表●●

競技種目●個人戦

新体操

遊び方

① 半分に折った新聞紙の上に両足で乗り、指導者の「はじめ！」の合図とともに片足を上げバランスをとる。途中で動いてしまったり、上げた足をついてしまったらアウト。

② 一番長く立っていた人から、1位2位3位となる。美しいポーズで立ち続けた場合は、1点の加算となる。

やり投げ

遊び方

① 絵のように、つまようじのとがった部分に10cmの紙テープをセロハンテープではりつけてやりをつくり、それを投げて距離を競う。

② 指導者は距離を測って記録を告げる。

競技種目●個人戦

サッカー

遊び方

ゴムふうせんをふくらませ、手を使わずに落とさないように何回リフティングできるかを競う。

4 おもしろ室内オリンピック

競技種目●個人戦

砲丸投げ

遊び方

① 新聞紙1面分を丸めて砲丸をつくる。それを円の中から投げて、砲丸投げの距離を競う。

② 指導者は、もっともらしく巻き尺で長さを測り、「ただいまの記録〜」と司会しながらもり上げる。

ただ今の記録…

競技種目●対抗勝ちぬき戦

射撃

遊び方

① 2人1組で背中合わせになり、指導者の
「ワン、ツー、スリー」の号令に合わせて、
西部劇のガンマンの決闘のようにおたがい
に3歩はなれる。

② 指導者の「シュート！」の号令に合わせ
て、ふり向きながらじゃんけんをする。ど
ちらかが勝つまで続ける。

ワン・ツー……

シュート！

4 おもしろ室内オリンピック

競技種目●対抗勝ちぬき戦

空手

遊び方

① じゃんけんで先攻、後攻を決めた後、2人で背中合わせになって立つ。

② 指導者の「はじめ！」の合図で先攻の子は「アチョ！」といいながら右か左を向く。後攻の子も右か左のどちらかを向く。この時、同じ方向を向いてしまったら指導者は「1本！」と手をあげて先攻の子の勝利を告げる。

③ 「1本」とならない場合は正面に向き直り、後攻の子が「アチョ！」といいながら右か左を向く。

④ どちらかが「1本」をとるまで続ける。

44

剣道

遊び方

① じゃんけんで先攻、後攻を決める。両手でげんこつを重ねてにぎり、自分の鼻の先に重ねて天狗の鼻のようにして2人1組で向き合う。

② 指導者の「はじめ！」の合図で、先攻の人は「やあ〜、えい！」のかけ声とともにその手をおでこ・あご・右ほほ・左ほほ・鼻先の5か所のいずれかに動かす。

③ 後攻の人は相手のかけ声に合わせて5か所のいずれかの場所に動かす。その際、先攻の人と同じ場所に動かしたり、動きが間に合わない場合は負けとなる。

④ その時は指導者が「1本！」と手をあげ、勝利を告げる。1本とならない場合は、後攻の人がすかさず「やあ〜、えい！」と攻撃に転じる。どちらかが1本をとるまで続ける。

4 おもしろ室内オリンピック

競技種目●グループ対抗戦
ハードル

遊び方

① 各グループ縦1列となり、列の先頭から6～8mくらいはなれたところに他のグループのハードル役が立つ。

② 指導者の「スタート！」の合図とともに各列の先頭の子は走っていき、向かいに立っているハードル役の子とじゃんけんをする。じゃんけんに勝てば列にもどって2番目の走者にタッチができるが、勝てなかった場合はチームのメンバー全員を呼び、1列でハードル役の周りを回ってもどり、じゃんけんをしなおす。

③ これをくりかえし、早く全員がハードル役に勝つことができたチームが勝ち。

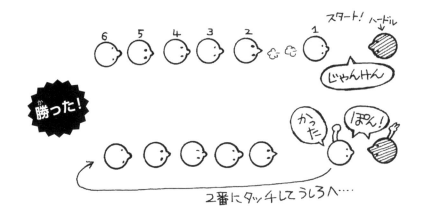

スタート！ ハードル

6 5 4 3 2 1

じゃんけん

勝った！

かった ぽん！

2番にタッチしてうしろへ……

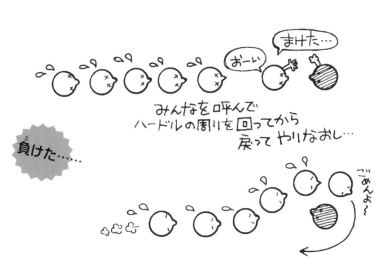

まけた……

おーい

負けた……

みんなを呼んで
ハードルの周りを回ってから
戻って やりなおし……

ごめんよ～

46

バスケットボール

遊び方

① コートを決め、エンドラインにバスケットのゴールに見立てた洗面器を持ったメンバーを配置する。

② 両チームは中央ラインに整列し、審判はボールに見立てたふうせんをトスして試合を開始する。ゲーム中はふうせんをつくことはできるが、つかむと反則になる。

③ メンバーでふうせんをついてパスし、自分のチームの洗面器へのゴールを目指す。

④ 途中でふうせんが床に落ちたり、コート外へ出た時は相手チームのふうせんとなる。

⑤ ふうせんが空中にある時は、相手チームのふうせんをうばうことができる。

ふうせんを同じ人が2度つくことはできません。洗面器を持った人は、チームのメンバーがゴールしやすいようエンドラインにそって動くことができます。3点先取したほうが勝ちです。

本書は、2022年3月小社より刊行された『いざ！に備える 遊びで防災体験BOOK』に加筆し、図書館版として3冊に再構成、改題したものです。

●プロフィール●

神谷明宏（かみや　あきひろ）

聖徳大学教育学部児童学科准教授。東京・青山にあった「国立こどもの城」のプレイ事業部長として、児童館・放課後児童クラブ指導員に遊びのモデルプログラムの開発・研修を担当。現在は大学で教鞭を執るほか、こども環境学会副会長、NPO法人札幌市コミュニティーワーク研究実践センター理事、東京YWCA青少年育成事業部会委員、松戸市子ども子育て委員会委員・社会教育委員・松戸市協働のまちづくり協議会委員として幅広く活動する。

【主な著書】
『わくわくドキドキあそびランド』（共著・小学館）、『0〜3歳の親子あそび　ゆうゆう子育て』（共著・全国母子保健センター連合会）『子ども会ステップアップフォージュニアリーダース』（共著・全国子ども会連合会）、『子ども会ステップアップフォー集団指導者』（共著・全国子ども会連合会）、『活動意欲を高めるダイナミック野外遊び』（共著・フレーベル館）、『冒険心はじけるキャンプ-グループワークを生かした新しい野外活動-』（あすなろ書房）、『ふくしまっこ遊び力育成プログラム』（こども環境学会）、『できる！たのしむ！むかしのあそび全6巻』（小峰書店）など。

写真●プランニング開・アトリエ自遊楽校
イラスト●和気瑞江　イラスト協力●種田瑞子
編集●内田直子　本文DTP●渡辺美知子

● 【図書館版】遊びで防災体験 ③避難所わくわくレクリエーション

● 2022年4月1日　第1刷発行

● 著　者●神谷明宏
● 発行人●新沼光太郎
● 発行所●株式会社いかだ社
　　　　〒102-0072東京都千代田区飯田橋2-4-10加島ビル
　　　　Tel.03-3234-5365　Fax.03-3234-5308
　　　　E-mail　info@ikadasha.jp
　　　　ホームページURL　http://www.ikadasha.jp/
　　　　振替・00130-2-572993
● 印刷・製本　モリモト印刷株式会社

● 乱丁・落丁の場合はお取り換えいたします。
● ©Akihiro KAMIYA, 2022
● Printed in Japan
● ISBN978-4-87051-572-7
● 本書の内容を権利者の承諾なく、営利目的で転載・複写・複製することを禁じます。